Kirschbaum vorm Fenster

Oskar Peter

KIRSCH-BAUM VORM FENSTER

HAIKU

Text & Bild: Oskar Peter © 2024
Lektorat: Irene Popenberger • Cover Illustration: ly86/iStock.com
Verlag: BoD • Books on Demand GmbH, In de Tarpen 42, 22848 Norderstedt
Druck: Libri Plureos GmbH, Friedensallee 273, 22763 Hamburg
ISBN 978-3-7693-1230-0

Ein Haiku ist ein kurzes japanisches Gedicht. Als charakteristisch gelten die klare formale Dreiteilung in 5-7-5 Einheiten und ein gut strukturierter Rhythmus. Am Ende des ersten oder zweiten Teils sorgt ein *Schneidewort* für die in der japanischen Kunst und Literatur so wichtige Asymmetrie. Ein *Jahreszeitenwort* steht für den immer wiederkehrenden Kreislauf der Welt im Gegensatz zur flüchtigen Emotion, die das Haiku vermittelt – und erinnert an das Einssein von Mensch und Natur.*

Häufig werden Sinnbilder verwendet, die ohne Bezug zur Kultur Japans schwer zu verstehen sind. Auf das breite Ausformulieren von Ideen wird verzichtet, es geht um Sehen und Fühlen. So bleiben beim Lesen Freiheit und Weite für eigene Assoziationen. Dazu kommt noch eine Besonderheit der japanischen Sprache: Dank der großen Anzahl an gleichlautenden Wörtern mit unterschiedlicher Bedeutung *(Homofonen)* schwingt oft ein zusätzlicher Gehalt mit.

---

*   *Siehe Wirth, Klaus-Dieter: Grundkomponenten des Haiku. Tradition und Rezeption. In: Wien als Schmelztiegel der Haiku-Dichtung. Konferenzschrift zum Symposium der Österreichischen Haiku Gesellschaft, Wien, 2014, S. 5f.*

Zu den bedeutendsten Vertretern des klassischen Haiku zählen Bashō (1644–1694), Buson (1716–1784), Issa (1763–1828) und Shiki (1867–1902). Mit Anfang des 20. Jahrhunderts verbreiteten sich Haiku in der westlichen Welt und werden seither in vielen Sprachen verfasst.

Als ein Meister des Haiku gilt der US-Amerikaner Jack Kerouac. Ihm war klar, dass sich seine Haiku aufgrund der verschiedenen Sprachstruktur von der ursprünglichen japanischen Form unterscheiden müssen. Kerouac fand es auch nicht nötig, sich bei diesen dreizeiligen Gedichten allzu viele Gedanken über die richtige Anzahl der Silben zu machen: »Ein Haiku muss vor allem sehr einfach sein, frei von poetischen Tricks, und ein kleines Bild schaffen – luftig und anmutig wie Vivaldis *La Pastorella*.«*

---

*   *Kerouac, Jack: Book of Haikus.*
    Penguin Books, New York, 2003, S. 10.

ch wohne zur Miete in einem Haus der Wiener Gründerzeit (1840–1914). Diese Zinshäuser haben den architektonischen Charakter Wiens lange Zeit geprägt, doch nun verschwinden sie nach und nach aus dem Stadtbild. Heute fallen nur noch knapp zehn Prozent der Gebäude in diese Kategorie.

Blicke ich aus einem der vier Holzkastenfenster meiner Wohnung, so schaue ich in ein typisches, altes Hinterhof-Ensemble. Wesentlich darin ist der kleine Innenhof – mit einer Vogelkirsche direkt vor meiner Nase. Der KIRSCHBAUM VORM FENSTER ist Protagonist der folgenden Schwarz-Weiß-Fotos und Texte. Diese verstehen sich nicht zuletzt als Anregung, ab und zu selbst innezuhalten und dem Hier und Jetzt Ausdruck und Form zu verleihen.

Ein Korb Laub –
das verlassene
Krähennest

Der alte Kirschbaum –
Ein Specht klopft
Tok tok*

*   *Hommage an Bashōs berühmtes Haiku:*
     Uralter Teich –
     Ein Frosch springt hinein
     Plop

Zwei Fahrräder –
Das Herbstlaub
setzt Rost an

Das Glitzern der
Baumkrone – Sommerregen
im Hinterhof

Die schwarzen Vogelkirschen –
keine Krähe weit
und breit

Am Stamm der letzte
Schnee – schmutziger Rest
des Großstadtwinters

Die ersten Blüten –
weiße Boten des
Frühlings

Winterkälte –
Im Astwerk gefriert
der Schnee

Verschwörung der Tauben
am Dach – Der Baum streckt
die Fühler aus

Seit Stunden regt sich kein
Blatt – Klaviertöne aus
der Ferne

Ein Ast zeigt zum
Mond – der Finger
des Buddha*

Das Rauschen der
Blätter – meine Sehnsucht
nach Meer

Das lange Leben des
Kirschbaums – Der Mohn
verblüht mit dem Sommer

–

Windstille – Der
Regen fällt senkrecht
durchs Geäst

Der Kirschbaum
zittert vorm offenen
Fenster – mich friert

Blauer Himmel – der
Schatten des Baums
scharf an der Wand

Sakura* –
das Summen
der Bienen

*   *Die Kirschblüte (jap.: Sakura) ist eines der wichtigsten
Symbole der japanischen Kultur. Sie steht für Schönheit, Aufbruch
und Vergänglichkeit.*

Nebelschwaden im
Blätterwerk – Der
Nachbar raucht

Blick aus dem 3. Stock –
Der Baum schaut mir
direkt in die Augen

Das Gebell der Hunde
im Hof – tägliches Wettrennen
rund um den Baum

Mit kahlen Ästen winkt
der Kirschbaum durchs Fenster –
Ich verstehe kein Wort

Winternacht – Mond und
Sterne laufen Schlittschuh am
gefrorenen Firmament